Recettes et photographies de Sue Su

LES BÛCHES INCROYABLES DE SUE SU

LES PETITS PLATS
MARABOUT
ORIGINAUX & AUTHENTIQUES
DEPUIS L'AN 2000

CAHIER PRATIQUE

Le biscuit roulé, 4

La garniture, 6

Les coulis et les sauces, 8

BÛCHES OLD SCHOOL

La bûche pur chocolat, 10

La bûche crème au beurre, 12

3 chocolats, 14

Bûche pralinée, 16

Chocolat coco, 18

Marron-whisky, 20

Noisettes-café, 22

Bûche à l'orange, 24

Fruits rouges, 26

Bûche meringuée, 28

BÛCHES INCROYABLES

Marshmallow bûche, 30

Bûche façon profiterole, 32

Banoffee, 34

Bûchettes choco-piment, 36

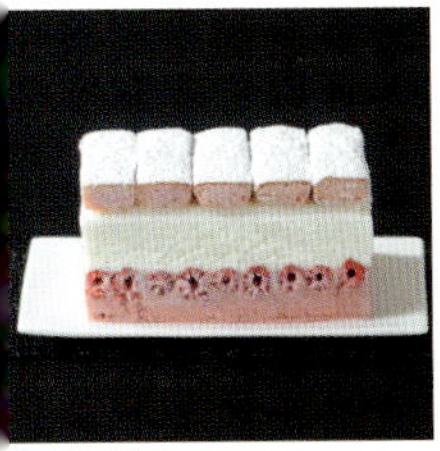
Pinky bûche, 38

Brownie bûche, 40

Bûche tout macaron, 42

BÛCHES SO SWEET

Nutella®, 44

Caramel à la fleur de sel, 46

Confiture de lait, 48

Menthe-chocolat, 50

Tiramisu de Noël, 52

Bûche au nougat, 54

Bûche aux agrumes, 56

Chocolat blanc-amarena, 58

Matcha bûche, 60

BÛCHES CARAÏBES

Coco-citron, 62

Coco-passion, 64

Île, 66

Ananas-mangue, 68

Façon cheesecake, 70

LE BISCUIT ROULÉ : LA GÉNOISE

LA RECETTE NATURE

POUR 1 BÛCHE – PRÉPARATION 15 MINUTES – CUISSON 12 MINUTES

4 œufs, 100 g de farine, 120 g de sucre, 40 ml d'huile de tournesol, ½ cuillerée à café de levure chimique, 1 pincée de sel fin, 1 plaque à pâtisserie de 38 × 28 cm

1. Préchauffer le four à 180 °C. Chemiser la plaque de papier sulfurisé. Séparer les blancs des jaunes d'œufs.

2. Fouetter les blancs avec une pincée de sel jusqu'à ce que le mélange soit mousseux ; ajouter 3 cuillerées à soupe de sucre au fur et à mesure en montant les blancs en neige ferme.

3. Fouetter les jaunes avec le reste de sucre, l'huile et 1 cuillerée à soupe d'eau jusqu'à ce que le mélange blanchisse. Incorporer la levure et la farine en 3 fois, en mélangeant bien entre chaque ajout. (À cette étape, parfumer le biscuit roulé selon son choix, voir indications ci-contre.) Incorporer délicatement les blancs en neige en trois fois.

4. À l'aide d'une spatule, étaler délicatement la pâte sur la plaque à pâtisserie, enfourner et laisser cuire 12 minutes environ jusqu'à ce que le dessus du biscuit soit doré.

5. À la sortie du four, badigeonner généreusement le dessus du biscuit de sirop à l'aide d'un pinceau (voir la préparation du sirop ci-contre). Retourner le biscuit sur une nouvelle feuille de papier sulfurisé. Ôter le papier sulfurisé du dessus et badigeonner la seconde face du biscuit de sirop.

6. Pour éviter que le biscuit sèche, l'enrouler dans le papier sulfurisé et l'envelopper de film alimentaire. Le réserver au réfrigérateur jusqu'à utilisation.

LA RECETTE AROMATISÉE

CHOCOLAT : remplacer le sucre par 120 g de chocolat noir fondu.

NOIX DE COCO : remplacer 30 g de farine par 30 g de noix de coco râpée.

AMANDE : remplacer 30 g de farine par 40 g de poudre d'amandes.

NOISETTE : remplacer 30 g de farine par 40 g de poudre de noisettes.

LE SIROP

POUR 1 BÛCHE (80 ML DE SIROP)

100 g de sucre, 80 ml d'eau

1. Dans une petite casserole, faire bouillir le sucre et l'eau. Laisser cuire 5 minutes à feu moyen, jusqu'à ce que le mélange soit sirupeux.

2. Verser le sirop dans un petit bol et le laisser refroidir.

SIROP PARFUMÉ À L'ALCOOL

COINTREAU : 1 portion de sirop nature refroidi + 2 cuillerées à soupe de Cointreau.

RHUM : 1 portion de sirop nature refroidi + 2 cuillerées à soupe de rhum.

LIQUEUR DE COCO : 1 portion de sirop nature refroidi + 2 cuillerées à soupe de liqueur de coco (Malibu).

SIROP AU CAFÉ : 1 portion de sirop nature refroidi + 3 cuillerées à soupe de liqueur de café.

SIROP PARFUMÉ AU JUS DE FRUITS

FRUIT DE LA PASSION, ORANGE, ANANAS... : 1 portion de sirop nature refroidi + 50 ml de jus de fruits.

VODKA-ORANGE : 1 portion de sirop nature refroidi + 30 ml de vodka et 45 ml de jus d'orange.

LA GARNITURE

LA GANACHE AU CHOCOLAT

POUR 6 PERSONNES – PRÉPARATION 15 MINUTES – REPOS 2 HEURES

250 g de chocolat noir, 50 g de beurre, coupé en dés, 2 jaunes d'œufs, 15 cl de crème liquide, 30 g de sucre

1. Verser la crème liquide dans un saladier et la mettre 25 minutes au réfrigérateur, ou 5 minutes au congélateur.

2. Faire fondre le chocolat et le beurre au bain-marie, puis bien mélanger afin de lisser. Ajouter les jaunes d'œufs un à un en fouettant afin d'obtenir une crème bien homogène.

3. Monter la crème bien froide en chantilly avec le sucre. L'incorporer délicatement au mélange chocolaté en 3 fois. Laisser prendre au réfrigérateur pendant 2 heures.

LA CRÈME AU BEURRE

POUR 6-8 PERSONNES – PRÉPARATION 15 MINUTES

250 g de beurre mou, 3 jaunes d'œufs, 120 g de sucre, 50 ml d'eau

1. Dans une petite casserole, porter à ébullition le sucre et l'eau à feu moyen. Laisser cuire jusqu'à ce que le mélange soit sirupeux (compter 2 minutes environ) ; si vous avez un thermomètre à sucre, le sirop doit atteindre 108 °C.

2. Fouetter les jaunes d'œufs à l'aide d'un batteur électrique jusqu'à ce que le mélange blanchisse. Dès que le sirop est prêt, baisser la vitesse du batteur au minimum, puis verser le sirop en fin filet sur les jaunes d'œufs. Continuer de fouetter à vitesse minimale jusqu'à ce que le mélange soit refroidi complètement.

3. Ajouter le beurre mou préalablement coupé en dés en continuant de fouetter jusqu'à ce que la crème soit homogène et lisse. À cette étape, aromatiser la crème : vanille, pralin, café, cacao en poudre…

LES COULIS ET LES SAUCES

SAUCE AU CHOCOLAT

PRÉPARATION 10 MINUTES – POUR ENVIRON 33 CL DE SAUCE

100 g de chocolat noir, 25 cl de crème liquide, 50 g de sucre, 1 cuillerée à soupe de cacao amer en poudre, ½ cuillerée à café d'extrait de vanille

1. Délayer le cacao avec 3 cuillerées à soupe de crème liquide. Casser le chocolat en morceaux.

2. Dans une petite casserole, faire bouillir le reste de la crème liquide et le sucre. Retirer la casserole du feu, ajouter le chocolat en fouettant afin de lisser la sauce. Incorporer le cacao délayé et l'extrait de vanille. Fouetter le tout.

3. Replacer la casserole sur le feu et laisser frémir 2 minutes environ en remuant. Servir tiède.

SAUCE AU CARAMEL

PRÉPARATION 10 MINUTES – POUR ENVIRON 30 CL DE SAUCE

150 g de sucre, 3 cuillerées à soupe d'eau, 2 cuillerées à soupe de jus de citron, 50 g de beurre coupé en dés, 12 cl de crème liquide

1. Dans une petite casserole, faire bouillir le sucre, le jus de citron et l'eau à feu moyen jusqu'à ce que le sucre soit dissous. Baisser le feu et laisser frémir sans remuer jusqu'à ce que le mélange se transforme en caramel blond.

2. Hors du feu, verser la crème liquide d'un seul coup, remuer, puis ajouter le beurre et bien mélanger. Remettre la casserole sur le feu et laisser frémir 3 minutes environ en remuant. Laisser refroidir.

COULIS DE FRUITS ROUGES

VERSION 1 : AU SORBET

PRÉPARATION 2 MINUTES – POUR ENVIRON 15 CL DE COULIS

200 g de sorbet à la framboise ou aux cerises/griottes, 60 g de sucre glace

1. Dans un bol, faire ramollir le sorbet en le sortant du réfrigérateur 30 minutes avant de commencer.

2. Ajouter le sucre et mélanger le tout.

VERSION 2 : AUX FRUITS

PRÉPARATION 15 MINUTES – POUR ENVIRON 33 CL DE COULIS

250 g de framboises surgelées ou fraîches (ou des fruits rouges au choix), 1 cuillerée à soupe de jus de citron, 8 cl d'eau, 80 g de sucre

1. Dans une petite casserole, faire bouillir tous les ingrédients. Laisser frémir 3 minutes environ.

2. Mixer le tout après refroidissement et le passer au chinois ou dans une passoire fine.

COULIS EXOTIQUE

PRÉPARATION 15 MINUTES – POUR ENVIRON 15 CL DE COULIS

150 g de chair de mangue coupée en dés, 2 fruits de la passion, 10 cl de jus d'orange, 1 cuillerée à café de jus de citron, 2 cuillerées à soupe de miel liquide, 100 g de sucre

1. Couper les fruits de la passion en deux et récupérer la pulpe à l'aide d'une cuillère.

2. Dans une casserole, à feu moyen, porter à ébullition la mangue, la pulpe de fruits de la passion, le jus d'orange, le jus de citron, le miel et le sucre. Laisser frémir 3 minutes environ.

3. Mixer le tout après refroidissement. Passer au chinois ou dans une passoire fine.

LA BÛCHE PUR CHOCOLAT

POUR 8 PERSONNES
PRÉPARATION 40 MINUTES
CUISSON 12 MINUTES
REPOS 2 HEURES + 1 NUIT

BISCUIT CHOCOLAT
4 œufs
100 g de farine
120 g de chocolat noir fondu
40 ml d'huile de tournesol
½ cuillerée à café de levure chimique
1 pincée de sel fin

SIROP
100 g de sucre
80 ml d'eau
2 cuillerées à soupe de Cointreau

GANACHE CHOCOLAT
350 g de chocolat noir
100 g de beurre
3 jaunes d'œufs
1 cuillerée à soupe de Cointreau
20 cl de crème liquide
100 g de sucre

NAPPAGE CHOCOLAT
150 g de chocolat noir
5 cl de crème liquide
30 g de sucre glace
Copeaux de chocolat (facultatif)
Sucre glace (facultatif)

LE BISCUIT ROULÉ

Préparer le biscuit roulé au chocolat comme expliqué page 4.

LE SIROP

Préparer le sirop au Cointreau comme expliqué page 4.

LA GANACHE

Préparer la ganache comme expliqué page 6. Ajouter le Cointreau au moment où le chocolat et le beurre sont fondus et bien lisses.

LE MONTAGE

Badigeonner les deux faces du biscuit de sirop (voir page 4). Étaler la garniture au chocolat sur le biscuit. Rouler ce dernier et l'emballer dans du papier sulfurisé. Réserver au frais pendant 2 heures.

LE NAPPAGE

Faire fondre le chocolat avec la moitié de la crème liquide au micro-ondes, puis ajouter le reste de crème portée à ébullition. Incorporer le sucre glace et mélanger jusqu'à obtention d'une préparation homogène. Laisser prendre au frais.
Sortir la bûche du réfrigérateur. La recouvrir de nappage à l'aide d'une cuillère à café, la remettre au frais et la laisser reposer 1 nuit. Saupoudrer éventuellement de copeaux de chocolat et de sucre glace avant de servir.

LA BÛCHE CRÈME AU BEURRE

AMANDES CARAMÉLISÉES

POUR 8 PERSONNES
PRÉPARATION 50 MINUTES
CUISSON 20 MINUTES
REPOS 1 NUIT

BISCUIT AMANDES
4 œufs
70 g de farine
40 g de poudre d'amandes
120 g de sucre
40 ml d'huile de tournesol
½ cuillerée à café de levure chimique
1 pincée de sel fin

SIROP
100 g de sucre
80 ml d'eau
2 cuillerées à soupe de rhum

CRÈME AU BEURRE
300 g de beurre mou
4 jaunes d'œufs
120 g de sucre
5 cl d'eau
¼ de cuillerée à café d'extrait de vanille

AMANDES CARAMÉLISÉES
80 g d'amandes effilées
100 g de sucre glace

LE BISCUIT ROULÉ

Préparer un biscuit roulé aux amandes comme expliqué page 4.

LE SIROP

Préparer 1 sirop au rhum comme expliqué page 4.

LES AMANDES CARAMÉLISÉES

Mélanger les amandes et le sucre glace dans une poêle. Les faire caraméliser à feu moyen en mélangeant sans cesse jusqu'à ce que les amandes soient dorées (compter environ 5 minutes). Déposer les amandes caramélisées sur une plaque recouverte de papier sulfurisé et les laisser refroidir.

LA GARNITURE

Préparer la crème au beurre comme expliqué page 6.

LE MONTAGE

Badigeonner les deux faces du biscuit de sirop (voir page 4). Étaler les trois quarts de la crème au beurre sur le biscuit, puis parsemer les trois quarts des amandes (on peut également écraser les amandes à l'aide d'un rouleau à pâtisserie et les ajouter dans la crème au beurre avant de l'étaler). Rouler le biscuit et le recouvrir complètement du reste de la crème et des amandes. Placer la bûche 1 nuit au frais.

3 CHOCOLATS

EN 3 COUCHES DE MOUSSE

POUR 6 PERSONNES
PRÉPARATION 45 MINUTES
REPOS 8 HEURES 40

MOUSSES
2 blancs d'œufs
50 g de sucre
100 g de chocolat blanc
100 g de chocolat au lait
100 g de chocolat noir
1 cuillerée à soupe de cacao amer
24 cl de crème anglaise prête à l'emploi
3 feuilles de gélatine (environ 6 g)

NAPPAGE CHOCOLAT
120 g de chocolat noir
8 cl de crème liquide
1 cuillerée à soupe d'éclats de noisettes

MOULE
1 moule à cake de 19 × 11 × 7 cm

LA MERINGUE

Porter à ébullition le sucre avec 1 cuillerée à soupe d'eau et cuire jusqu'à ce que le mélange soit sirupeux (compter 2 minutes environ ; sinon, à l'aide d'un thermomètre à sucre, faire cuire le mélange jusqu'à 108 °C). Monter les blancs d'œufs en neige ferme. Verser le sirop en un fin filet sur les blancs en fouettant jusqu'à ce que le mélange ait refroidi. Réserver la meringue au frais. Chemiser le moule de film alimentaire.

LA MOUSSE AU CHOCOLAT BLANC

Faire fondre le chocolat blanc au bain-marie. Faire tremper 1 feuille de gélatine dans de l'eau froide pour la ramollir. Faire chauffer 8 cl de crème anglaise à feu doux sans la faire bouillir, puis incorporer la feuille de gélatine essorée et mélanger pour la dissoudre. Verser la crème anglaise dans le chocolat fondu puis mélanger et laisser refroidir. Ajouter un tiers de la meringue. Verser cette préparation dans le moule puis placer au congélateur pendant 20 minutes pour que la mousse prenne rapidement.

LA MOUSSE AU CHOCOLAT AU LAIT

Répéter les mêmes opérations que pour la première couche en remplaçant le chocolat blanc par le chocolat au lait.

LA MOUSSE AU CHOCOLAT NOIR

Répéter les mêmes opérations que pour la première couche en remplaçant le chocolat blanc par le chocolat noir et en ajoutant le cacao dans le chocolat fondu. Laisser prendre au réfrigérateur pendant 5 heures.

LE NAPPAGE

Porter à ébullition la crème liquide et la verser sur le chocolat cassé en morceaux. Couvrir et laisser le chocolat fondre pendant 3 minutes. Mélanger et lisser. Laisser refroidir puis incorporer les éclats de noisettes. Démouler la bûche et la recouvrir avec le glaçage. Placer la bûche au réfrigérateur pendant 3 heures.

BÛCHE PRALINÉE

POUR 6-8 PERSONNES
PRÉPARATION 45 MINUTES
CUISSON 20 MINUTES
REPOS 1 NUIT

BISCUIT NOISETTES
4 œufs
70 g de farine
40 g de poudre de noisettes
120 g de sucre
40 ml d'huile de tournesol
½ cuillerée à café de levure chimique
1 pincée de sel fin

SIROP
100 g de sucre
80 ml d'eau
2 cuillerées à soupe de rhum

PRALIN
60 g de noisettes
40 g de sucre roux

CRÈME AU BEURRE
250 g de beurre mou
3 jaunes d'œufs
120 g de sucre
5 cl d'eau

DÉCO
pralin

LE BISCUIT ROULÉ
Préparer 1 biscuit roulé aux noisettes comme expliqué page 4.

LE SIROP
Préparer un sirop au rhum comme expliqué page 4.

LE PRALIN
Dans une poêle, faire griller les noisettes. Les laisser refroidir puis les peler. Remettre les noisettes dans la poêle, puis les mélanger avec le sucre roux. Faire fondre le sucre à feu doux jusqu'à ce qu'il se transforme en caramel blond. Verser les noisettes caramélisées sur une plaque recouverte d'une feuille de papier sulfurisé. Laisser refroidir puis casser le caramel et le réduire en poudre fine à l'aide d'un mixeur.

LA GARNITURE
Préparer la crème au beurre comme expliqué page 6. Incorporer le pralin et bien mélanger.

LE MONTAGE
Badigeonner les deux faces du biscuit de sirop (voir page 4). Étaler les deux tiers de la crème au beurre pralinée sur le biscuit. Rouler ce dernier et recouvrir la bûche du reste de crème au beurre pralinée à l'aide d'une cuillère. Placer la bûche au réfrigérateur 1 nuit. Au moment de servir, saupoudrer la bûche de pralin (facultatif).

CHOCOLAT-COCO

POUR 6-8 PERSONNES
PRÉPARATION 30 MINUTES
CUISSON 12 MINUTES
REPOS 2 HEURES + 1 NUIT

BISCUIT COCO
4 œufs
70 g de farine
30 g de noix de coco râpée
120 g de sucre
40 ml d'huile de tournesol
½ cuillerée à café de levure chimique
1 pincée de sel fin

SIROP
100 g de sucre
80 ml d'eau
2 cuillerées à soupe de liqueur de coco (Malibu)

GARNITURE CHOCOLAT
350 g de chocolat noir
250 g de crème liquide
50 g de beurre
100 g de noix de coco râpée

LE BISCUIT ROULÉ
Préparer 1 biscuit roulé à la noix de coco comme expliqué page 4.

LE SIROP
Préparer un sirop à la noix de coco comme expliqué page 4.

LA GARNITURE
Casser le chocolat en morceaux dans un saladier. Faire bouillir la crème liquide puis la verser sur le chocolat. Bien mélanger pour lisser puis ajouter le beurre coupé en dés. Mélanger de nouveau. Laisser prendre 2 heures au réfrigérateur.

LE MONTAGE
Badigeonner les deux faces du biscuit de sirop à la liqueur de coco (voir page 4). Étaler les trois quarts de la garniture sur le biscuit, puis parsemer les trois quarts de la noix de coco râpée par-dessus. Rouler le biscuit. Recouvrir la bûche du reste de la garniture et la placer 1 nuit au réfrigérateur. Au moment de servir, parsemer le reste de noix de coco râpée sur la bûche (facultatif).

MARRON-WHISKY

POUR 8 PERSONNES
PRÉPARATION 35 MINUTES
REPOS 6 HEURES + 1 NUIT

GARNITURE MARRON-WHISKY
250 g de crème de marrons
400 g de marrons cuits sous vide
120 g de sucre roux
5 cl de whisky pur malt
80 g de beurre mou
100 g de cookies au chocolat
2 feuilles de gélatine

NAPPAGE CHOCOLAT
150 g de chocolat noir
12 cl de crème liquide
30 g de sucre glace

LA GARNITURE

Dans une casserole, réunir les marrons cuits, le sucre roux et 3 cuillerées à soupe d'eau. Porter à ébullition puis laisser frémir 5 minutes à feu doux. Les égoutter et garder 3 marrons entiers pour le décor et 7 marrons écrasés en gros morceaux pour le cœur de la bûche. Faire fondre la gélatine avec 1 cuillerée à café d'eau au micro-ondes. Dans un mixeur, mixer le reste des marrons encore chauds avec le whisky, le beurre mou ainsi que la gélatine fondue, puis incorporer la crème de marrons et bien mélanger. Ajouter les cookies écrasés en tout petits morceaux.

LE MONTAGE

Étaler cette préparation sur une feuille de papier sulfurisé de manière à former un rectangle de 26 x 20 cm. Déposer les marrons écrasés au milieu du rectangle. Rouler le tout en serrant bien. Bien rectifier les bords en les modelant joliment avec les mains. Envelopper la bûche dans du papier sulfurisé et placer 4 heures au réfrigérateur.

LE NAPPAGE

Dans un grand bol, déposer le chocolat cassé en petits morceaux, puis verser dessus la crème portée à ébullition. Couvrir le bol 5 minutes puis bien mélanger pour faire fondre le chocolat. Ajouter le sucre glace et lisser. Une fois le nappage refroidi, laisser prendre au réfrigérateur pendant environ 2 heures. Recouvrir la bûche du nappage à l'aide d'une cuillère à café. Décorer avec les marrons entiers, puis remettre 1 nuit au frais.

NOISETTES-CAFÉ

POUR 8 PERSONNES
PRÉPARATION 45 MINUTES
CUISSON 20 MINUTES
REPOS 4 HEURES + 1 NUIT

BISCUIT NATURE
4 œufs
100 g de farine
120 g de sucre
40 ml d'huile de tournesol
½ cuillerée à café de levure chimique
1 pincée de sel fin

SIROP
10 cl de sirop de canne
2 cuillerées à soupe de liqueur de café

GARNITURE MARRONS-NOISETTES
1 pot de crème de marrons (450 g)
½ cuillerée à soupe d'extrait de vanille
10 cl de crème liquide entière
50 g de sucre
120 g de noisettes
100 g de sucre glace

NAPPAGE CRÈME AU BEURRE AU CAFÉ
100 g de beurre mou
1 jaune d'œuf
50 g de sucre
1 cuillerée à soupe de café soluble
grains de café

LE BISCUIT ROULÉ

Préparer 1 biscuit roulé nature comme expliqué page 4.

LE SIROP

Dans un bol, mélanger le sirop de canne et la liqueur de café (il est également possible de réaliser un sirop au café en suivant les instructions de la page 4).

LA GARNITURE

Préchauffer le four à 200 °C. Déposer les noisettes sur une plaque de cuisson, les saupoudrer avec le sucre glace, bien mélanger puis les enfourner pour 8 à 10 minutes. Les laisser refroidir puis les peler et les concasser grossièrement. Mélanger la crème de marrons, l'extrait de vanille et les noisettes concassées. Monter la crème liquide en chantilly en ajoutant le sucre. Incorporer la chantilly en 2 fois dans la crème marrons-noisettes. Réserver au frais.

LE MONTAGE

Badigeonner généreusement le biscuit de sirop (voir page 4). Étaler la crème marrons-noisettes sur le biscuit. Rouler le biscuit et l'emballer dans du papier sulfurisé. Réserver au frais pendant 4 heures.

LE NAPPAGE

Préparer la crème au beurre comme expliqué page 6, en ajoutant le café soluble au moment où le mélange de jaunes d'œufs et de sirop est encore bien chaud. Recouvrir la bûche de crème au beurre à l'aide d'une cuillère à café en faisant des reliefs imitant l'écorce d'un arbre. Décorer de grains de café. Placer 1 nuit au frais.

BÛCHE À L'ORANGE

POUR 8 PERSONNES
PRÉPARATION 50 MINUTES
CUISSON 12 MINUTES
REPOS 4 HEURES + 1 NUIT

BISCUIT NATURE
4 œufs
100 g de farine
120 g de sucre
40 ml d'huile de tournesol
½ cuillerée à café de levure chimique
1 pincée de sel fin

SIROP
100 g de sucre
80 ml d'eau
2 cuillerées à soupe de Cointreau

GARNITURE ORANGE
3 œufs
1 cuillerée à soupe de jus de citron
35 cl de jus d'orange fraîchement pressée
120 g de sucre
2 cuillerées à soupe de farine de maïs
4 feuilles de gélatine
150 g de poudre d'amandes
8 cl de crème liquide

NAPPAGE CHOCOLAT
200 g de chocolat noir
6 cl de crème liquide

LE BISCUIT ROULÉ
Préparer 1 biscuit roulé nature comme expliqué page 4.

LE SIROP
Préparer 1 sirop au Cointreau comme expliqué page 4.

LA GARNITURE
Mettre les feuilles de gélatine dans un bol d'eau froide afin qu'elles ramollissent. Séparer les blancs des jaunes d'œufs. Monter les blancs d'œufs en neige bien ferme avec un tiers du sucre. Dans une casserole, fouetter les jaunes d'œufs avec le reste de sucre, la farine ainsi que les jus de citron et d'orange. Porter à ébullition en fouettant sans cesse. Incorporer la meringue et continuer de fouetter. Ajouter la gélatine essorée et mélanger le tout. Laisser refroidir puis incorporer la poudre d'amandes et la crème liquide. Mélanger. Laisser prendre au réfrigérateur pendant 2 heures.

LE MONTAGE
Badigeonner les deux faces du biscuit de sirop (voir page 4). Étaler la garniture dessus. Rouler le biscuit et l'envelopper dans du papier sulfurisé. Réserver au réfrigérateur pendant la préparation du nappage.

LE NAPPAGE
Faire fondre le chocolat avec la moitié de la crème liquide au micro-ondes puis ajouter le reste de crème, portée à ébullition. Mélanger jusqu'à obtention d'une préparation homogène. Laisser prendre environ 2 heures au réfrigérateur.
Sortir la bûche du réfrigérateur. Recouvrir la bûche du nappage à l'aide d'une cuillère à café en faisant des reliefs imitant l'écorce d'un arbre. Placer la bûche 1 nuit au frais. Décorer éventuellement la bûche de copeaux de chocolat ou d'orangettes confites.

FRUITS ROUGES

POUR 8 PERSONNES
PRÉPARATION 35 MINUTES
CUISSON 12 MINUTES
REPOS 1 NUIT

BISCUIT NATURE
4 œufs
100 g de farine
120 g de sucre
40 ml d'huile de tournesol
½ cuillerée à café de levure chimique
1 pincée de sel fin

GARNITURE
50 cl de crème anglaise prête à l'emploi
20 cl de crème liquide entière
250 g de sucre
7 feuilles de gélatine
3 blancs d'œufs
fruits rouges

COULIS FRAMBOISE
150 g de sorbet à la framboise
(ou sorbet cassis-framboise)
50 g de sucre glace

MOULE
1 moule à bûche de 30 × 11 × 6 cm

LE BISCUIT
Préparer 1 biscuit nature comme expliqué page 4. Détailler une tranche à la taille du moule.

LE COULIS
Faire ramollir le sorbet en le sortant du congélateur 20 minutes avant de l'utiliser.
Dans un bol, mélanger le sorbet et le sucre glace, comme expliqué page 8.

LA GARNITURE
Faire ramollir la gélatine dans de l'eau froide. Faire chauffer la crème anglaise dans une casserole puis ajouter la gélatine essorée et mélanger. Laisser tiédir. Pendant ce temps, monter la crème en chantilly avec 50 g de sucre, puis l'incorporer dans la crème anglaise. Porter à ébullition le reste de sucre avec 2 cuillerées à soupe d'eau et cuire jusqu'à ce que le mélange soit sirupeux (compter 2 minutes environ ; sinon, à l'aide d'un thermomètre à sucre, faire cuire jusqu'à 108 °C). Pendant ce temps, monter les blancs d'œufs en neige ferme. Verser le sirop en un fin filet sur les blancs d'œufs en fouettant jusqu'à refroidissement. Ajouter cette meringue à la crème anglaise. Bien mélanger. Verser dans le moule préalablement chemisé de film alimentaire, puis laisser reposer 8 heures au réfrigérateur.

LE MONTAGE
Avant de servir, déposer la tranche de biscuit sur la bûche. Démouler la bûche, verser le coulis et décorer de fruits rouges.

BÛCHE MERINGUÉE

POUR 8 PERSONNES
PRÉPARATION 35 MINUTES
CONGÉLATION 30 MINUTES + 10 HEURES

COUCHE VANILLE
500 g de glace à la vanille
1 paquet de meringues achetées chez le boulanger (50 g, environ 12 meringues)

COUCHE FRAMBOISE
250 g de sorbet à la framboise
10 cl de crème liquide entière
100 g de sucre
120 g de confiture de myrtilles

MERINGUE
2 blancs d'œufs
150 g de sucre

MOULE
1 moule à cake de 30 × 11 × 6 cm

LA COUCHE VANILLE

Quarante minutes avant de commencer, sortir la glace à la vanille du congélateur afin qu'elle ramollisse. Chemiser le moule de film alimentaire. Concasser les meringues puis en répartir la moitié dans le fond du moule. Ajouter la glace à la vanille. Lisser le dessus et mettre 30 minutes au congélateur.

LA COUCHE FRAMBOISE

Faire ramollir le sorbet en le sortant du congélateur 30 minutes avant de l'utiliser. Dans un saladier, monter la crème liquide avec le sucre en chantilly pas très ferme. Mélanger la chantilly avec le sorbet. Sortir la bûche du congélateur et y verser le mélange au sorbet. Étaler la confiture de myrtilles puis parsemer le reste des meringues concassées par-dessus. Remettre la bûche 10 heures au congélateur.

LA MERINGUE

Au moment de servir, porter à ébullition le sucre avec 3 cuillerées à soupe d'eau et cuire jusqu'à ce que le mélange soit sirupeux (compter 2 minutes environ ; sinon, à l'aide d'un thermomètre à sucre, faire cuire le mélange jusqu'à 108 °C). Pendant ce temps, monter les blancs d'œufs en neige ferme. Verser le sirop dessus en un fin filet en fouettant jusqu'à ce que la meringue soit bien ferme et brillante. Sortir la bûche du congélateur et la démouler sur un plat préalablement placé au congélateur pendant 15 minutes. Recouvrir la bûche de meringue à l'aide d'une cuillère ou d'une poche à douille munie d'une douille cannelée. Faire dorer légèrement la meringue (facultatif) à l'aide d'un chalumeau.

MARSHMALLOW BÛCHE

POUR 6 PERSONNES
PRÉPARATION 50 MINUTES
CUISSON 12 MINUTES
REPOS 5 HEURES + 1 NUIT

BISCUIT NATURE
4 œufs
100 g de farine et 120 g de sucre
40 ml d'huile de tournesol
½ cuillerée à café de levure chimique
1 pincée de sel fin

SIROP
100 g de sucre
80 ml d'eau

GARNITURE CHOCO-FRAISE-CHAMALLOW®
50 g de CHAMALLOWS®
200 g de chocolat noir
10 cl de crème liquide entière
20 g de sucre
150 g de confiture de fraises
150 g de biscuits Véritable Petit Beurre®
100 g de beurre et 30 g de sucre roux

NAPPAGE CHOCOLAT BLANC
120 g de chocolat blanc
4 cl de crème liquide
20 g de beurre

NAPPAGE CHOCOLAT NOIR
120 g de chocolat noir
4 cl de crème liquide
20 g de beurre

DÉCO
5 CHAMALLOWS®

LE BISCUIT ROULÉ

Préparer 1 biscuit roulé nature comme expliqué page 4.

LE SIROP

Préparer un sirop nature comme expliqué page 4. Badigeonner les deux faces du biscuit de sirop (voir page 4). Réserver le biscuit roulé au frais pendant la préparation de la garniture.

LA GARNITURE

Dans un saladier, verser la crème liquide et la mettre 25 minutes au réfrigérateur, ou 5 minutes au congélateur.
Faire fondre le chocolat et le beurre coupés en morceaux au bain-marie.
Écraser les biscuits en tout petits morceaux. À l'aide d'une paire de ciseaux mouillée, couper les CHAMALLOWS® en petits morceaux.
Sortir la crème liquide du réfrigérateur et la monter en chantilly avec le sucre, puis l'incorporer délicatement en 3 fois au chocolat fondu. Mélanger les biscuits écrasés, le sucre roux et les CHAMALLOWS® puis ajouter le mélange chocolaté. Laisser prendre 1 heure au réfrigérateur.
Étaler la confiture de fraises sur le biscuit roulé, puis le mélange chocolat-CHAMALLOWS® par-dessus. Rouler le biscuit et l'envelopper dans du papier sulfurisé. Laisser reposer au réfrigérateur pendant 4 heures.

LES NAPPAGES BLANC ET NOIR

Dans un grand bol, réunir le chocolat blanc, la crème liquide et le beurre, puis faire fondre au micro-ondes. Laisser refroidir. Répéter la même opération pour préparer le nappage noir.
Recouvrir la bûche de nappages blanc et noir à l'aide d'une cuillère à café en les alternant. Décorer avec les CHAMALLOWS®. Remettre 1 nuit au frais.

BÛCHE FAÇON PROFITEROLE

POUR 6 PERSONNES
PRÉPARATION 40 MINUTES
CUISSON 12 MINUTES
REPOS 1 NUIT

CHOUX
18 pièces de chouquette achetées chez le boulanger
250 g de glace à la vanille

NOUGATINE
100 g de sucre
1 cuillerée à soupe de vinaigre blanc
40 g d'amandes effilées

CHANTILLY
20 cl de crème liquide entière bien froide
2 cuillerées à soupe de sucre
2 cuillerées à soupe de sucre glace

SAUCE CHOCOLAT
100 g de chocolat noir
25 cl de crème liquide
50 g de sucre
1 cuillerée à soupe de cacao amer
½ cuillerée à café d'extrait de vanille

LES CHOUX (À PRÉPARER LA VEILLE)
Faire ramollir la glace en la sortant du réfrigérateur 30 minutes avant de commencer. Couper la tête des chouquettes, puis les garnir généreusement de glace à l'aide d'une cuillère à café. Refermer les chouquettes et les remettre au congélateur.

LA NOUGATINE (À PRÉPARER LA VEILLE)
Dans une petite casserole, porter à ébullition le sucre et le vinaigre blanc à feu moyen, puis laisser frémir en remuant de temps à autre jusqu'à ce que le mélange se transforme en un caramel blond (compter environ 3 minutes). Hors du feu, incorporer les amandes effilées et bien mélanger. Étaler la nougatine sur une plaque garnie de papier sulfurisé et laisser refroidir. Concasser la nougatine en tout petits morceaux à l'aide d'un couteau et les conserver dans une boîte hermétique au réfrigérateur.

LA SAUCE AU CHOCOLAT
Le jour même, préparer une sauce au chocolat comme expliqué page 8.

LA CHANTILLY
Dans un saladier, fouetter la crème liquide 1 minute environ, puis ajouter le sucre et le sucre glace en même temps, et continuer à fouetter jusqu'à ce que la crème soit bien ferme.

LE MONTAGE
Sortir les chouquettes du congélateur 30 minutes à l'avance. Tapisser les petits morceaux de nougatine sur un plat à dessert et y placer 2 lignes de chouquettes (12 pièces). À l'aide dune poche à douille cannelée ou simplement d'une petite cuillère, répartir la chantilly à la base des choux et entre chacun d'entre eux. Disposer ensuite un second étage de chouquettes, en les collant aux premières avec un peu de sauce au chocolat. Servir avec le reste de la sauce au chocolat (la réchauffer doucement si besoin).

BANOFFEE

BANANE-CARAMEL-CACAHUÈTES

POUR 8 PERSONNES
PRÉPARATION 35 MINUTES
CUISSON 10 MINUTES
CONGÉLATION 10 HEURES

GARNITURE VANILLE-BANANE
600 g de glace à la vanille
60 g de banane bien mûre (environ ½ banane)
1 cuillerée à café de jus de citron
80 g de sucre
2 blancs d'œufs
2 cuillerées à soupe de confiture de lait

CACAHUÈTES CARAMÉLISÉES
80 g de sucre
1 cuillerée à café de jus de citron
3 cuillerées à soupe de cacahuètes non salées

DÉCO
1 poignée de cacahuètes non salées
5 l de crème liquide entière
1 cuillerée à soupe de sucre glace

MOULE
1 moule à cake de 26 × 9 × 7 cm

LA GARNITURE

Faire ramollir la glace en la sortant du congélateur 1 heure avant de l'utiliser. Mixer la banane et le jus de citron de manière à obtenir une purée, puis la mélanger à la glace. Porter à ébullition le sucre et 1 cuillerée à soupe d'eau, à feu moyen, puis cuire jusqu'à ce que le mélange soit sirupeux (compter 2 minutes environ ; sinon, à l'aide d'un thermomètre à sucre, faire cuire le mélange jusqu'à 108 °C). Battre les blancs d'œufs en neige ferme. Verser le sirop dessus en un fin filet en fouettant jusqu'à refroidissement. Incorporer délicatement la meringue au mélange à la banane puis le répartir dans le fond du moule préalablement chemisé de film alimentaire. Verser la confiture de lait par-dessus et placer pendant 10 heures au congélateur.

LES CACAHUÈTES CARAMÉLISÉES

Dans une casserole, faire bouillir le sucre et le jus de citron à feu moyen jusqu'à obtenir un caramel. Hors du feu, incorporer les cacahuètes et mélanger. Les étaler sur une plaque de cuisson, les laisser durcir puis les casser en petits morceaux.

LA DÉCO

Monter la crème liquide en chantilly avec le sucre. Démouler la bûche, étaler une fine couche de chantilly sur le dessus puis parsemer d'éclats de cacahuètes caramélisées. Ajouter éventuellement quelques cacahuètes non salées, concassées.

BÛCHETTES CHOCO-PIMENT

POUR 6 PERSONNES
PRÉPARATION 45 MINUTES
REPOS 1 NUIT

BISCUIT
18 tranches de pain de mie sans croûte

SIROP
100 g de sucre
80 ml d'eau
2 cuillerées à soupe de rhum

GANACHE AU CHOCOLAT
150 g de chocolat noir au piment (Lindt®)
50 g de beurre, coupé en dés
2 jaunes d'œufs
50 g de sucre glace
100 cl de crème liquide
15 g de sucre

DÉCO
200 g de chocolat noir au piment (Lindt®)
2 cuillerées à soupe de crème liquide
Des cheveux d'anges (piment rouge) (facultatif)

LE SIROP

Préparer un sirop au rhum comme expliqué page 4.

LA GANACHE

Préparer une ganache au chocolat comme expliqué page 6.
En réserver 4 cuillerées à soupe pour le décor.

LE MONTAGE

Découper chaque tranche de pain de mie en un carré de 7 x 7 cm. Badigeonner les deux faces de chaque tranche de sirop. Pour chaque bûchette : étaler une couche de ganache sur un premier carré de pain de mie, puis poser un deuxième carré par-dessus. Étaler une couche de ganache sur le deuxième carré, puis poser un troisième carré par-dessus. Renouveler cette opération afin d'obtenir 6 bûchettes au total. Les réserver au frais.

LE DÉCOR

Faire fondre le chocolat au bain-marie avec la crème liquide. Le chocolat doit être bien lisse et homogène. L'étaler à l'aide d'une spatule coudée sur une plaque à pâtisserie garnie de papier sulfurisé. Laisser prendre. Lorsque le chocolat est durci légèrement, y dessiner 24 rectangles de la hauteur des bûchettes à l'aide d'un couteau pointu. Les décoller après qu'ils sont complètement durcis.
Déposer un peu de ganache sur un rectangle, puis le coller contre un côté d'une bûchette. Répéter la même opération pour chaque côté de la bûchette afin de les recouvrir entièrement. Renouveler cette opération pour chaque bûchette. Les remettre au réfrigérateur. Au moment de servir, décorer chaque bûchette avec des cheveux d'anges.

PINKY BÛCHE

BISCUITS ROSES DE REIMS ET CHAMPAGNE

POUR 6 PERSONNES
PRÉPARATION 20 MINUTES
CONGÉLATION 30 MINUTES + 10 HEURES

1re COUCHE
2 blancs d'œufs
100 g de sucre
5 cl de crème liquide

ENTRE COUCHE
1 paquet de framboises (30 pièces)

2e COUCHE
300 g de sorbet à la framboise
2 jaunes d'œufs
80 g de sucre
5 cl de crème liquide

DÉCO
6 biscuits roses de Reims
5 cl de champagne rose
sucre glace

MOULE
1 moule à cake de 19 × 11 × 7 cm

LA 1re COUCHE

Dans une petite casserole, porter à ébullition le sucre avec 2 cuillerées à soupe d'eau et laisser cuire jusqu'à ce que le mélange soit sirupeux (compter 2 minutes environ ; sinon vérifier avec un thermomètre à sucre, le mélange doit atteindre 108 °C). Monter les blancs d'œufs en neige puis verser le sirop dessus en un fin filet, en fouettant jusqu'à refroidissement. Incorporer la crème liquide et mélanger. Verser ce mélange dans le moule préalablement chemisé de film alimentaire puis placer 30 minutes au congélateur.

LA 2e COUCHE

Trente minutes avant de commencer, sortir le sorbet du congélateur afin qu'il ramollisse. Dans un saladier, fouetter les jaunes d'œufs avec le sucre et la crème : le mélange doit doubler de volume. Incorporer le sorbet et mélanger. Sortir la bûche du congélateur et répartir les framboises par-dessus. Verser la préparation au sorbet sur les framboises et remettre la bûche 10 heures au congélateur.

LE MONTAGE

Démouler la bûche sur un plat préalablement mis au congélateur pendant 15 minutes. Imbiber le dessous des biscuits de Reims de champagne, puis les poser sur la bûche et saupoudrer de sucre glace.

BROWNIE BÛCHE

VANILLE-PÉCAN

POUR 6 PERSONNES
PRÉPARATION 35 MINUTES
CUISSON 15 MINUTES
CONGÉLATION 10 HEURES

BROWNIE AUX NOIX DE PÉCAN
100 g de chocolat noir
50 g de beurre
1 cuillerée à soupe de cacao amer
1 œuf
50 g de sucre
20 g de noix de pécan (environ 10 noix)

GARNITURE
700 g de glace à la vanille

SAUCE AU CARAMEL
150 g de sucre
3 cuillerées à soupe d'eau
2 cuillerées à soupe de jus de citron
50 g de beurre, coupé en dés
120 g de crème liquide

MOULE
1 moule à cake de 19 × 11 × 7 cm

LE BROWNIE

Préchauffer le four à 180 °C. Faire fondre le chocolat au bain-marie avec le beurre. Hors du feu, incorporer le cacao et laisser refroidir. Battre l'œuf et le sucre énergiquement jusqu'à ce que le mélange ait doublé de volume. Incorporer le chocolat fondu et mélanger délicatement. Ajouter les noix de pécan cassées en morceaux. Verser la préparation dans le moule tapissé de papier sulfurisé. Enfourner et laisser cuire 15 minutes environ. Démouler le brownie, laver le moule et le chemiser de film alimentaire.

LA GARNITURE

Faire ramollir la glace en la sortant du congélateur 1 heure avant de l'utiliser. La répartir dans le fond du moule. Disposer le brownie par-dessus. Placer au réfrigérateur et laisser reposer pendant 10 heures.

LA SAUCE AU CARAMEL

Préparer la sauce au caramel comme expliqué page 8.

LE SERVICE

Démouler la bûche sur un plat préalablement mis au congélateur pendant 15 minutes. Servir avec la sauce au caramel à part.

BÛCHE TOUT MACARON

CAFÉ-CHOCO-PASSION

POUR 8 PERSONNES
PRÉPARATION 50 MINUTES
CUISSON 12 MINUTES
REPOS 2 HEURES + 1 NUIT

BISCUIT CHOCOLAT
4 œufs
100 g de farine
120 g de chocolat noir fondu
40 ml d'huile de tournesol
½ cuillerée à café de levure chimique
1 pincée de sel fin

SIROP
100 g de sucre
80 ml d'eau
50 ml de jus de fruits de la passion

GARNITURE MACARON CAFÉ
200 g de macaron au café
200 g de chocolat noir
1 cuillerée à soupe
de café Nespresso soluble
2 œufs
30 g de sucre
15 cl de crème liquide entière

NAPPAGE
120 g de chocolat noir
6 cl de crème liquide

DÉCO
10 petits macarons (au choix)
des fruits rouges

LE BISCUIT ROULÉ

Préparer 1 biscuit roulé au chocolat comme expliqué page 4.

LE SIROP

Préparer un sirop aux fruits de la passion comme expliqué page 4.
Badigeonner les deux faces du biscuit de sirop (voir page 4). Réserver le biscuit au frais pendant la préparation de la garniture.

LA GARNITURE

Mettre la crème liquide dans un saladier et le placer 25 minutes au réfrigérateur, ou 5 minutes au congélateur. Faire fondre le chocolat au bain-marie. Délayer le café dans 1 cuillerée à soupe d'eau bouillante puis l'incorporer au chocolat fondu. Bien mélanger et laisser refroidir.
Séparer les blancs des jaunes d'œufs. Ajouter les jaunes au chocolat fondu, refroidi. Monter les blancs en neige ferme avec le sucre, puis les incorporer délicatement au chocolat. Dans un mixeur, réduire les macarons en poudre. Les incorporer au mélange chocolaté. Sortir la crème liquide du réfrigérateur et la monter en chantilly. L'incorporer délicatement au mélange chocolat-macarons. Étaler la préparation sur le biscuit. Rouler ce dernier et l'envelopper de papier sulfurisé. Laisser reposer au réfrigérateur pendant 2 heures.

LE NAPPAGE

Faire fondre le chocolat avec la moitié de la crème au micro-ondes, puis ajouter le reste de crème portée à ébullition. Mélanger jusqu'à obtention d'une préparation homogène. Laisser prendre au réfrigérateur.
Recouvrir la bûche de nappage au chocolat à l'aide d'une cuillère à café.
Placer la bûche au réfrigérateur et la laisser reposer pendant 1 nuit. Avant de servir, décorer la bûche avec des petits macarons et des fruits rouges.

NUTELLA®

NOISETTES CARAMÉLISÉES

POUR 6-8 PERSONNES
PRÉPARATION 45 MINUTES
CUISSON 25 MINUTES
REPOS 1 NUIT

BISCUIT NATURE
4 œufs
100 g de farine
120 g de sucre
40 ml d'huile de tournesol
½ cuillerée à café de levure chimique
1 pincée de sel fin

SIROP
100 g de sucre
80 ml d'eau

NOISETTES CARAMÉLISÉES
60 g de sucre
3 gouttes de jus de citron
40 noisettes entières (100 g environ), émondées si possible

GARNITURE NUTELLA®
1 pot de Nutella® (250 g)
7 cl de crème liquide
30 g de sucre glace

NAPPAGE NUTELLA®
100 g de Nutella®
3 cl de crème liquide
15 g de sucre glace

LE BISCUIT ROULÉ
Préparer 1 biscuit roulé nature comme expliqué page 4.

LE SIROP
Préparer 1 sirop nature comme expliqué page 4.

LES NOISETTES CARAMÉLISÉES
Torréfier les noisettes au four préchauffé à 180 °C pendant 8 minutes. Les laisser refroidir puis les peler si nécessaire. En piquer 8 avec un cure-dents (pour la décoration).
Dans une petite casserole, faire chauffer à feu moyen le sucre, 2 cuillerées à soupe d'eau et le jus de citron jusqu'à ce que le mélange se transforme en caramel. Y plonger les 8 noisettes piquées d'un cure-dents et les poser sur une feuille de papier sulfurisé.
Disposer le reste des noisettes sur une seconde feuille de papier sulfurisé puis verser le caramel dessus. Laisser les noisettes refroidir puis les hacher grossièrement au mixeur.

LA GARNITURE
Dans un saladier, mélanger le Nutella®, la crème liquide et le sucre glace à l'aide d'une spatule jusqu'à obtention d'une crème homogène.

LE MONTAGE
Badigeonner les deux faces du biscuit de sirop (voir page 4), puis étaler la garniture sur le biscuit et saupoudrer toute la surface de noisettes concassées. Rouler le biscuit puis l'emballer dans du papier sulfurisé. Réserver 1 nuit au frais.

LE NAPPAGE
Au moment de servir, mélanger le Nutella®, la crème liquide et le sucre glace. À l'aide d'une poche à pâtisserie munie d'une douille cannelée, dresser le Nutella® sur la bûche selon votre imagination, puis déposer les 8 noisettes entières.

CARAMEL À LA FLEUR DE SEL

POUR 6 PERSONNES
PRÉPARATION 50 MINUTES
REPOS 5 HEURES + 1 NUIT

COUCHE CARAMEL
À LA FLEUR DE SEL
100 g de sucre
1 cuillerée à café de jus de citron
200 cl de crème liquide
5 cl de crème épaisse
50 g de beurre, coupé en dés
1 pincée de fleur de sel
200 g de chocolat noir
1 cuillerée à soupe de cacao amer
80 g de cookies au chocolat écrasés
en petits morceaux

COUCHE VANILLE
25 cl de lait
1 gousse de vanille
150 g de sucre
4 jaunes d'œufs
30 g de farine de maïs
3 feuilles de gélatine
15 cl de crème liquide entière bien froide

COUCHE CHOCOLAT
200 g de chocolat noir
15 cl de crème liquide
30 g de beurre

DÉCO
Bonbons au caramel (facultatif)

LA COUCHE CARAMEL À LA FLEUR DE SEL

À feu moyen, faire bouillir le sucre, le jus de citron et 1 cuillerée à soupe d'eau dans une casserole jusqu'à ce que le mélange ait une couleur blonde. Hors du feu, ajouter la crème liquide, la crème épaisse, le beurre et la fleur de sel, puis mélanger. Porter le tout à ébullition et laisser frémir 2 minutes environ en remuant. Retirer du feu, ajouter le chocolat cassé en morceaux et le cacao. Lisser et laisser refroidir. Ajouter les cookies préalablement écrasés en tout petits morceaux et mélanger. Placer au frais et laisser reposer pendant 1 heure.
Sur le plan de travail, travailler la préparation avec les mains pour former un saucisson de 26 cm de long. L'envelopper dans du film alimentaire. Remettre au frais pendant 2 heures.

LA COUCHE VANILLE

Dans une casserole, porter à ébullition le lait, le sucre, la gousse de vanille fendue en deux ainsi que ses graines. Hors du feu, laisser infuser 15 minutes, puis ôter la gousse.
Faire tremper les feuilles de gélatine dans de l'eau froide afin qu'elles ramollissent.
Fouetter les jaunes d'œufs et la farine, puis verser sur le lait vanillé et mélanger.
À feu doux, réchauffer le tout jusqu'à ce que le mélange épaississe en remuant.
Hors du feu, ajouter la gélatine essorée et bien mélanger. Laisser refroidir.
Monter la crème en chantilly et l'incorporer au mélange précédent. Placer 1 heure au frais.
Enlever le film alimentaire du saucisson au caramel, le tapoter afin que la forme de saucisson s'aplatisse à la base. Étaler la préparation à la vanille sur la couche au caramel à l'aide d'une cuillère à café. Remettre 2 heures au frais.

LA COUCHE CHOCOLAT

Dans un grand bol, déposer le chocolat cassé en petits morceaux, puis y verser la crème liquide portée à ébullition. Couvrir le bol 5 minutes, puis ajouter le beurre coupé en morceaux et lisser. Laisser refroidir, puis laisser prendre au réfrigérateur.
Recouvrir la bûche de la préparation et dessiner des stries à l'aide d'une fourchette.
Concasser quelques bonbons au caramel pour la déco. Remettre 1 nuit au frais.

CONFITURE DE LAIT

POUR 6 PERSONNES
PRÉPARATION 25 MINUTES
CUISSON 12 MINUTES
REPOS 1 NUIT

BISCUIT AMANDES
4 œufs
70 g de farine
40 g de poudre d'amandes
120 g de sucre
40 ml d'huile de tournesol
½ cuillerée à café de levure chimique
1 pincée de sel fin

SIROP
100 g de sucre
80 ml d'eau
2 cuillerées à soupe de rhum

GARNITURE CONFITURE DE LAIT
250 g de confiture de lait
100 g de poudre d'amandes
80 g de cookies au chocolat
¼ de cuillerée à café d'extrait de vanille

LE BISCUIT ROULÉ

Préparer un biscuit roulé à l'amande comme expliqué page 4.

LE SIROP

Préparer un sirop au rhum comme expliqué page 4.

LA GARNITURE

Écraser les cookies en tout petits morceaux. Dans un saladier, mélanger la confiture de lait, la poudre d'amandes et l'extrait de vanille.

LE MONTAGE

Badigeonner les deux faces du biscuit de sirop (voir page 4). Étaler les trois quarts de la garniture sur le biscuit puis répartir les morceaux de cookies dessus. Rouler le biscuit.
Recouvrir la bûche du reste de la garniture à l'aide d'une cuillère à café en faisant des reliefs imitant l'écorce d'un arbre. Placer la bûche au frais pendant 1 nuit.

MENTHE-CHOCOLAT

POUR 6 PERSONNES
PRÉPARATION 20 MINUTES
REPOS 30 MINUTES + 10 HEURES

COUCHE MENTHE
500 g de glace à la menthe
avec des morceaux de chocolat
1 blanc d'œuf
50 g de sucre
2 cl de sirop de menthe verte

COUCHE CHOCOLAT
50 g de copeaux de chocolat noir
400 g de glace au chocolat noir
2 cuillerées à soupe de cacao amer
5 cl de crème anglaise toute prête
30 g de sucre glace

DÉCO
feuilles de menthe ou cacao en poudre

MOULE
1 moule à cake de 19 × 11 × 7 cm

LA COUCHE MENTHE

Sortir la glace du congélateur 1 heure avant de l'utiliser afin qu'elle ramollisse.
Dans un saladier, mélanger la glace à la menthe et le sirop de menthe verte. Monter le blanc d'œuf en neige avec le sucre puis l'incorporer à la glace. Verser le tout dans le moule préalablement chemisé de film alimentaire, puis le placer 30 minutes au congélateur.

LA COUCHE CHOCOLAT

Sortir la glace du congélateur 1 heure avant de l'utiliser afin qu'elle ramollisse.
Incorporer le cacao, la crème anglaise et le sucre glace. Mélanger.
Sortir la bûche du congélateur, répartir les copeaux de chocolat par-dessus et y verser le mélange au chocolat. Remettre au congélateur pendant 10 heures.

LE SERVICE

Démouler la bûche sur un plat préalablement mis au congélateur pendant 15 minutes. Décorer la bûche de feuilles de menthe ou d'une couche de cacao.

TIRAMISU DE NOËL

POUR 8-10 PERSONNES
PRÉPARATION 25 MINUTES
CONGÉLATION 10 HEURES

GARNITURE MASCARPONE
250 g de mascarpone
50 g de crème épaisse
4 œufs
100 g de miel
80 g de sucre glace
50 g de sucre
15 boudoirs

SIROP
8 cl de sirop de canne
2 cuillères à soupe de liqueur de café
1 cuillère à soupe de café soluble

DÉCO
1 cuillère à soupe de cacao amer

MOULE
1 moule à bûche de 30 × 11 × 6 cm

LE SIROP

Dans un bol, mélanger le sirop de canne, la liqueur de café et le café Nespresso.

LA GARNITURE

Séparer les blancs des jaunes d'œufs. Monter les blancs d'œufs en neige ferme avec le sucre. Fouetter les jaunes d'œufs, le miel et le sucre glace à l'aide d'un batteur électrique : le mélange doit doubler de volume. Ajouter le mascarpone et la crème épaisse puis fouetter doucement afin d'obtenir une crème homogène. Incorporer délicatement la meringue en 3 fois au mélange jaunes d'œufs-mascarpone.

LE MONTAGE

Verser la moitié de la garniture dans le moule préalablement chemisé de film alimentaire. Aligner au milieu de la crème une ligne de boudoirs légèrement imbibés de sirop, puis verser le reste de la garniture. Tapisser une couche de boudoirs imbibés de sirop par-dessus. Placer la bûche au congélateur pendant 10 heures. Démouler, puis saupoudrer de cacao avant de servir.

BÛCHE AU NOUGAT

POUR 6 PERSONNES
PRÉPARATION 20 MINUTES
CONGÉLATION 10 HEURES

GARNITURE NOUGAT
500 g de glace aux nougats
5 cl de crème liquide
50 g de chocolat blanc fondu
2 blancs d'œufs
80 g de sucre
200 g de nougats tendres

MOULE
1 moule à cake de 19 × 11 × 7 cm

LA GARNITURE

Sortir la glace aux nougats du congélateur 1 heure avant de commencer afin qu'elle ramollisse. Dans une petite casserole, porter à ébullition le sucre avec 2 cuillerées à soupe d'eau et cuire jusqu'à ce que le mélange soit sirupeux (compter 2 minutes environ ; sinon, à l'aide d'un thermomètre à sucre, faire cuire jusqu'à 108 °C). Pendant ce temps, monter les blancs d'œufs en neige ferme. Verser le sirop dessus en fin filet, en fouettant jusqu'à refroidissement.
Mélanger la glace, la crème liquide et le chocolat fondu. Incorporer la meringue en 3 fois, délicatement. Couper les nougats tendres en petits morceaux, puis les incorporer au mélange.

LE MONTAGE

Verser la garniture dans le moule préalablement chemisé de film alimentaire.
Lisser, placer au congélateur et laisser prendre pendant 10 heures.

AVANT DE SERVIR

Démouler la bûche sur un plat préalablement mis au congélateur pendant 15 minutes.

BÛCHE AUX AGRUMES

CŒUR NAPOLITAIN®

POUR 8 PERSONNES
PRÉPARATION 25 MINUTES
CONGÉLATION 10 HEURES

GARNITURE ORANGE-PAMPLEMOUSSE
15 cl de jus de pamplemousse rose
10 cl de jus d'orange
2 cuillerées à soupe de jus de citron vert
35 cl de crème anglaise prête à l'emploi
100 g de sucre glace
30 g de sucre
15 cl de crème liquide entière
4 sachets de Napolitain Lu®

SAUCE CHOCOLAT
100 g de chocolat noir
25 cl de crème liquide
50 g de sucre
1 cuillerée à soupe de cacao amer
½ cuillerée à café d'extrait de vanille

MOULE
1 moule à cake de 26 × 9 × 7 cm

LA GARNITURE

Dans un saladier, verser la crème liquide et la placer au réfrigérateur 25 minutes, ou au congélateur 5 minutes. Dans un second saladier, réunir les jus de pamplemousse, d'orange et de citron, la crème anglaise et le sucre glace, puis fouetter vivement le tout. Sortir la crème liquide du réfrigérateur et la monter en chantilly avec le sucre. L'incorporer délicatement au mélange de jus d'agrumes, jusqu'à obtenir une préparation bien homogène. La verser dans le moule préalablement chemisé de film alimentaire et lisser le dessus.

LE MONTAGE

Répartir une ligne de Napolitain Lu® au milieu, puis placer la bûche au congélateur et la laisser prendre pendant 10 heures.

LA SAUCE AU CHOCOLAT

Préparer la sauce comme expliqué page 8.

LE SERVICE

Démouler la bûche sur un plat préalablement mis au congélateur 10 minutes. Servir avec la sauce au chocolat tiède (en napper la bûche ou la servir à part).

CHOCOLAT BLANC

CERISE AMARENA

POUR 8 PERSONNES
PRÉPARATION 35 MINUTES
REPOS 30 MINUTES + 1 NUIT

BISCUIT
14 biscuits Thé (Lu®)

GARNITURE CHOCOLA T BLANC
300 g de chocolat blanc
6 feuilles de gélatine
2 cuillerées à café de jus de citron
10 cl de crème épaisse
10 cl de crème anglaise prête à l'emploi
150 g de sucre
2 blancs d'œufs
150 g de cerises amarena bien égouttées

MOULE
1 moule à bûche de 26 x 9 x 7 cm

LA GARNITURE

Faire tremper les feuilles de gélatine dans un bol d'eau froide afin qu'elles ramollissent. Faire fondre le chocolat au bain-marie, puis ajouter la gélatine essorée. Incorporer le jus de citron, la crème épaisse et la crème anglaise. Fouetter le tout afin d'obtenir une crème au chocolat homogène.
Dans une petite casserole, porter à ébullition le sucre avec 2 cuillerées à soupe d'eau et cuire jusqu'à ce que le mélange soit sirupeux (compter 2 minutes environ ; sinon, à l'aide d'un thermomètre à sucre, faire cuire jusqu'à 108 °C).
Pendant ce temps, monter les blancs d'œufs en neige ferme. Verser le sirop dessus en un fin filet, en fouettant jusqu'à refroidissement.
Incorporer délicatement la meringue à la crème au chocolat, en 3 fois.

LE MONTAGE

Répartir les trois quarts des cerises amarena dans le fond du moule préalablement chemisé de film alimentaire, puis verser la moitié de la garniture. Placer 30 minutes au congélateur.
Sortir la bûche du congélateur. Disposer 4 biscuits sur le dessus, puis déposer le reste des cerises sur les biscuits. Recouvrir avec la garniture. Placer 1 nuit au réfrigérateur.

AVANT DE SERVIR

Sortir la bûche du congélateur, déposer une couche de biscuits sur le dessus puis démouler la bûche. Servir avec du coulis de fruits rouges (facultatif, voir page 8).

BÛCHE BISCUITÉE

THÉ VERT-CHOCOLAT BLANC

POUR 8 PERSONNES
PRÉPARATION 35 MINUTES
REPOS 1 NUIT

BISCUIT CHOCOLAT
4 œufs
100 g de farine
120 g de chocolat noir fondu
40 ml d'huile de tournesol
½ cuillerée à café de levure chimique
1 pincée de sel fin

SIROP
100 g de sucre
80 ml d'eau
2 cuillerées à soupe de rhum

GARNITURE MATCHA-CHOCOLAT BLANC-BISCUIT
150 g de chocolat blanc
50 g de beurre
1 blanc d'œuf
50 g de sucre
15 cl de crème liquide entière
5 g de matcha (thé vert en poudre, en vente dans les magasins asiatiques)
2 ½ feuilles de gélatine (5 g environ)
80 g de Véritable Petit Beurre®

DÉCO
50 g de chocolat blanc
quelques pincées de matcha

MOULE
un moule à cake de 19 × 11 × 7 cm

LE BISCUIT ROULÉ

Préparer 1 biscuit roulé au chocolat comme expliqué page 4. Couper un grand biscuit à la taille du moule 19 × 11 cm et un biscuit plus petit de 19 × 4 cm.

LE SIROP

Préparer un sirop au rhum comme expliqué page 4. Badigeonner les deux faces de chaque biscuit de sirop (voir page 4). Réserver au réfrigérateur pendant la préparation de la garniture.

LA GARNITURE

Verser la crème liquide dans un saladier et le mettre au réfrigérateur 25 minutes, ou au congélateur 5 minutes. Faire tremper les feuilles de gélatine dans de l'eau froide afin qu'elles ramollissent. Faire fondre le chocolat et le beurre coupés en petits morceaux au bain-marie, puis ajouter la gélatine essorée et bien mélanger. Ajouter le matcha, mélanger et laisser refroidir.
Dans une casserole, porter à ébullition le sucre et 1 cuillerée à soupe d'eau, puis laisser cuire jusqu'à ce que le mélange soit sirupeux (compter 2 minutes environ ; à l'aide d'un thermomètre à sucre, faire cuire le mélange jusqu'à 108 °C). Pendant ce temps, monter le blanc d'œuf en neige, puis verser le sirop dessus en un fin filet, en fouettant jusqu'à complet refroidissement. Incorporer délicatement la meringue au mélange chocolat-matcha.
Sortir la crème liquide du réfrigérateur, la monter en chantilly, puis l'incorporer délicatement en 3 fois au chocolat-matcha.

LE MONTAGE

Verser un tiers de la crème matcha dans le fond du moule préalablement chemisé de film alimentaire, puis ajouter la moitié des Véritable Petit Beurre écrasés en tout petits morceaux. Ajouter une couche de crème matcha, une couche de biscuits écrasés puis une dernière couche de crème matcha.
Insérer verticalement le petit biscuit de 19 × 4 cm au milieu du moule. Lisser le dessus de la préparaton de manière à obtenir une surface bien plate. Déposer à plat le grand biscuit de 19 × 11 cm. Placer 1 nuit au réfrigérateur.
Démouler la bûche. Décorer de chocolat blanc fondu et saupoudrer de matcha (facultatif).

COCO-CITRON

POUR 8 PERSONNES
PRÉPARATION 45 MINUTES
CUISSON 12 MINUTES
REPOS 1 NUIT

BISCUIT COCO
4 œufs
70 g de farine
30 g de noix de coco râpée
120 g de sucre
40 ml d'huile de tournesol
½ cuillerée à café de levure chimique
1 pincée de sel fin

SIROP
100 g de sucre
80 ml d'eau
2 cuillerées à soupe de liqueur de coco

GARNITURE CITRON
5 œufs
22 cl de jus de citron
250 g de sucre
150 g de beurre, coupé en dés
20 g de farine de maïs
4 ½ feuilles de gélatine

GLAÇAGE AU FROMAGE FRAIS
2 petits pots de mousse de fromage frais (200 g environ)
10 cl de crème liquide entière
30 g de sucre glace

DÉCO
1 sachet de copeaux de noix de coco ou
4 cuillerées à soupe de noix de coco râpée

LE BISCUIT ROULÉ

Préparer 1 biscuit roulé à la noix de coco comme expliqué page 4. Tailler 3 biscuits de 26 × 10 cm.

LE SIROP

Préparer un sirop à la liqueur de coco comme expliqué page 4. Badigeonner les deux faces de chaque biscuit de sirop (voir page 4). Les couvrir de film alimentaire et les réserver à plat au réfrigérateur pendant la préparation de la garniture.

LA GARNITURE

Séparer les blancs des jaunes d'œufs. Monter les blancs en neige peu ferme avec 2 cuillères à soupe de sucre. Faire tremper la gélatine dans un bol d'eau froide afin qu'elle ramollisse. Dans une casserole, réunir les jaunes, le jus de citron, le reste de sucre, le beurre et la farine. Faire chauffer à feu doux en fouettant sans cesse jusqu'à ce que le mélange ait épaissi (compter 2 minutes environ). Incorporer la meringue en 3 fois en fouettant doucement. Hors du feu, ajouter la gélatine essorée et mélanger, puis laisser refroidir.

LE MONTAGE

Sur un plat à dessert, déposer un biscuit et y étaler la moitié de la garniture. Déposer le deuxième biscuit par-dessus, puis étaler le reste de la garniture et couvrir avec le troisième biscuit. Placer au réfrigérateur pendant la préparation du glaçage.

LE GLAÇAGE

Monter la crème liquide en chantilly avec le sucre glace. Dans un grand bol, mélanger la mousse de fromage frais et y incorporer délicatement la chantilly. Recouvrir la bûche de cette préparation. Décorer avec des copeaux de noix de coco ou de la noix de coco râpée. Placer au réfrigérateur et laisser reposer 1 nuit.

COCO-PASSION

POUR 8 PERSONNES
PRÉPARATION 40 MINUTES
CUISSON 12 MINUTES
REPOS 1 NUIT

BISCUIT CHOCOLAT
4 œufs
100 g de farine
120 g de chocolat noir fondu
40 ml d'huile de tournesol
½ cuillerée à café de levure chimique
1 pincée de sel fin

COUCHE PASSION
2 fruits de la passion
4 cl de jus d'orange
½ cuillerée à café de jus de citron
30 g de sucre
½ feuille de gélatine

COUCHE COCO
40 cl de lait de coco
1 cuillerée à soupe de liqueur de coco (Malibu)
5 feuilles de gélatine (environ 10 g)
3 blancs d'œufs
200 g de sucre

MOULE
1 moule à bûche de 26 × 9 × 7 cm

LE BISCUIT ROULÉ

Préparer 1 biscuit roulé au chocolat comme expliqué page 4. Détailler une tranche à la taille du moule et 4 mini tranches de 5 × 2 cm.

LA COUCHE PASSION

Couper les fruits de la passion en deux et récuperer la pulpe à l'aide d'une cuillère. Dans une petite casserole, à feu moyen, porter à l'ébullition la pulpe de fruit de la passion, le jus d'orange, le jus de citron et le sucre. Laisser frémir 2 minutes environ. Hors du feu, ajouter la gélatine préalablement ramollie. Bien mélanger afin de dissoudre la gélatine. Laisser refroidir, puis verser la préparation dans le moule préalablement chemisé de film alimentaire, puis placer au réfrigétaur pour 1 heure.

LA COUCHE COCO ET LA COUCHE BISCUITÉE

Dans un saladier, fouetter vivement le lait de coco et la liqueur de coco pendant 3 minutes. Faire ramollir les feuilles de gélatine dans un bol d'eau froide puis les dissoudre au micro-ondes avec 1 cuillerée à soupe d'eau. Verser la gélatine dans le lait de coco et mélanger. Porter à ébullition le sucre avec 3 cuillerées à soupe d'eau et cuire jusqu'à ce que le mélange soit sirupeux (compter 2 minutes environ ; sinon, à l'aide d'un thermomètre à sucre, faire cuire le mélange jusqu'à 108 °C). Pendant ce temps, monter les blancs d'œufs en neige ferme. Verser le sirop dessus en un fin filet en fouettant jusqu'à refroidissement. Incorporer délicatement la meringue au lait de coco, en 3 fois. Verser cette préparation sur la couche passion en intercalant les minitranches de biscuits deux par deux de manière à créer des couches « biscuitées ». Placer au réfrigérateur pour 1 nuit.

LE MONTAGE

Avant de servir, déposer la grande tranche de biscuit sur la bûche, puis placer le plat de service par dessus. Démouler la bûche et servir avec un coulis exotique (page 8).

ÎLE

COCO-LITCHIS

POUR 8 PERSONNES
PRÉPARATION 35 MINUTES
CUISSON 12 MINUTES
REPOS 2 HEURES + 1 NUIT

BISCUIT COCO
4 œufs
70 g de farine
30 g de noix de coco râpée
120 g de sucre
40 ml d'huile de tournesol
½ cuillerée à café de levure chimique
1 pincée de sel fin

SIROP
100 g de sucre
80 ml d'eau
2 cuillerées à soupe de liqueur de coco (Malibu)

GARNITURE COCO-LITCHIS
200 g de litchis au sirop, égouttés
1 cuillerée à soupe de jus de citron
180 g de sucre
25 cl de lait de coco
3 œufs
100 g de noix de coco râpée
30 g de farine de maïs
3 feuilles de gélatine (6 g environ)

NAPPAGE CHOCOLAT BLANC
150 g de chocolat blanc
10 cl de crème liquide

DÉCO
30 g de noix de coco râpée

LE BISCUIT ROULÉ

Préparer 1 biscuit roulé à la noix de coco comme expliqué page 4. Tailler 3 biscuits de 26 × 10 cm.

LE SIROP

Préparer un sirop à la liqueur de coco comme expliqué page 4. Badigeonner les deux faces de chaque biscuit de sirop (voir page 4). Les couvrir de film alimentaire et les réserver bien à plat au réfrigérateur pendant la préparation de la garniture.

LA GARNITURE

Séparer les blancs des jaunes d'œufs. Monter les blancs d'œufs en neige avec 2 cuillerées à soupe de sucre. Faire tremper les feuilles de gélatine dans de l'eau froide afin qu'elles ramollissent. Mixer les litchis. Dans une casserole, fouetter la purée de litchis, le jus de citron, le lait de coco, les jaunes d'œufs, la farine ainsi que le reste de sucre. Faire chauffer le tout à feu moyen en fouettant sans cesse jusqu'à ce que le mélange épaississe. Hors du feu, incorporer la gélatine essorée, puis ajouter la noix de coco râpée. Incorporer délicatement la meringue en 3 fois. Laisser refroidir. Placer au réfrigérateur pendant 2 heures.

LE MONTAGE

Sur un plat à dessert, déposer un biscuit et y étaler la moitié de la garniture. Déposer le deuxième biscuit par-dessus, puis étaler le reste de la garniture. Couvrir avec le troisième biscuit. Placer la bûche au réfrigérateur.

LE NAPPAGE

Dans un grand bol, déposer le chocolat cassé en petits morceaux, puis verser la crème portée à ébullition par-dessus. Couvrir le bol 5 minutes puis bien mélanger pour faire fondre le chocolat. Lisser et laisser refroidir. Laisser prendre au réfrigérateur. Recouvrir la bûche du nappage à l'aide d'une cuillère à café. Décorer avec de la noix de coco râpée. Remettre 1 nuit au frais.

ANANAS-MANGUE

POUR 8 PERSONNES
PRÉPARATION 50 MINUTES
CUISSON 12 MINUTES
REPOS 1 NUIT

BISCUIT NATURE
4 œufs
100 g de farine
120 g de sucre
40 ml d'huile de tournesol
½ cuillerée à café de levure chimique
1 pincée de sel fin

SIROP
100 g de sucre et 80 ml d'eau
50 ml de jus de fruits de la passion

GARNITURE ANANAS-MANGUE
1 ananas Victoria (400 g environ)
60 g de chair de mangue
100 g de chocolat blanc
1 cuillerée à café de jus de citron
5 cl de crème anglaise toute prête
4 feuilles de gélatine (8 g environ)
200 g de poudre d'amandes
100 g de beurre mou
100 g de sucre
10 cl de crème liquide entière

NAPPAGE
120 g de chocolat noir
6 cl de crème liquide
30 g de sucre glace

DÉCO (FACULTATIF)
4 chips d'ananas

LE BISCUIT ROULÉ

Préparer 1 biscuit roulé nature comme expliqué page 4.

LE SIROP

Préparer un sirop aux fruits de la passion comme expliqué page 4. En badigeonner les deux faces du biscuit. Réserver au frais pendant la préparation de la garniture.

LA GARNITURE

Laver l'ananas et couper 4 fines tranches : les réserver pour les chips. Peler le reste de l'ananas de manière à obtenir 120 g de chair. Tailler la moitié en petits morceaux, les réserver, puis réduire le reste en purée avec la mangue dans un mixeur.
Faire tremper les feuilles de gélatine dans un bol d'eau froide afin qu'elles ramollissent. Dans une casserole, porter à ébullition la purée ananas-mangue, le jus de citron et la crème anglaise. Hors du feu, ajouter le chocolat coupé en morceaux et la gélatine essorée. Bien fouetter le tout pour faire fondre le chocolat et la gélatine. Laisser refroidir.
Travailler la poudre d'amandes, le beurre et le sucre avec une cuillère en bois, puis ajouter la crème ananas-chocolat. Bien mélanger. Monter la crème liquide en chantilly. L'incorporer délicatement au mélange précédent et mettre au frais pendant 1 heure.
Étaler la crème sur le biscuit et parsemer de petits morceaux d'ananas. Rouler le biscuit et l'envelopper de papier sulfurisé. Réserver au frais pendant 2 heures.

LE NAPPAGE

Faire fondre le chocolat avec la moitié de la crème liquide au micro-ondes, puis ajouter le reste de crème portée à ébullition et le sucre glace. Mélanger jusqu'à obtention d'une préparation homogène. Laisser prendre au réfrigérateur.
Recouvrir la bûche du nappage au chocolat à l'aide d'une cuillère à café. Remettre la bûche 1 nuit au frais. Avant de servir, décorer de chips d'ananas (facultatif).

LES CHIPS D'ANANAS

Éponger les 4 tranches d'ananas sur du papier absorbant. Les disposer sur une plaque et les saupoudrer de 2 cuillerées à soupe de sucre glace, puis les couvrir d'une feuille de papier sulfurisé. Enfourner pour 1 h 30 à 140 °C. Les chips vont durcir en refroidissant.

FAÇON CHEESECAKE

AU KUMQUAT

POUR 6 PERSONNES
PRÉPARATION 35 MINUTES
REPOS 1 NUIT

BISCUIT
1 tranche de pain d'épices
à la taille du moule

GARNITURE CHEESY
450 g de fromage blanc
10 cl de crème épaisse
200 g de chocolat blanc
2 cuillerées à soupe de crème liquide
5 feuilles de gélatine (environ 10 g)
2 blancs d'œufs
100 g de sucre
12 kumquats

COULIS EXOTIQUE
150 g de chair de mangue coupée en dés
2 fruits de la passion
10 cl de jus d'orange
1 cuillerée à café de jus de citron
2 cuillerées à soupe de miel liquide
100 g de sucre

MOULE
1 moule à cake de 26 × 9 × 7 cm

LA GARNITURE

Faire tremper les feuilles de gélatine dans un bol d'eau froide pour qu'elles ramollissent.
Faire fondre le chocolat blanc avec la crème liquide au bain-marie à feu doux, puis incorporer la gélatine essorée. Bien mélanger afin de dissoudre la gélatine.
Mélanger le fromage blanc et la crème épaisse. Incorporer le chocolat fondu.
À feu moyen, porter à ébullition le sucre et 1 cuillerée à soupe d'eau et cuire jusqu'à ce que le mélange soit sirupeux : compter 2 minutes environ (si l'on a un thermomètre à sucre, le mélange doit monter à 108 °C). Pendant ce temps, monter les blancs d'œufs en neige puis verser le sirop dessus en un fin filet, en fouettant jusqu'à refroidissement.
Incorporer délicatement la meringue au mélange chocolaté. Chemiser le moule de film alimentaire et le garnir de la garniture. Lisser le dessus. Placer 1 nuit au réfrigérateur.

LE COULIS

Préparer le coulis exotique comme expliqué page 8.

LE SERVICE

Disposer la tranche de pain d'épices sur le dessus de la bûche, puis démouler. Couper les kumquats en fines rondelles et les répartir sur le dessus de la bûche. Servir avec le coulis.

REMERCIEMENTS

Un grand merci à Emmanuel pour la confiance qu'il m'a témoignée.
Mille mercis à toute l'équipe de Marabout, et en particulier à Pauline pour ses précieux conseils à chaque étape de la réalisation de ce livre.
Merci également à mon club de testeurs pour leurs sincères conseils (familles Georges, Nigri, Flachaire, Pilloix, Randy...).
Merci à Yannie pour son excellente proposition de recette.
Merci à Jérôme, mon grand amour et soutien éternel.
Merci à Huihui (苏慧) pour son aide sur les prises de vue.

Pour toutes questions concernant ce livre, rendez-vous sur mon blog :
latabledesue.blogspot.fr/

SHOPPING

Asa Home, au Printemps, 42, rue de la République, 69002 Lyon
BHV La part Dieu, Centre commercial La Part Dieu, 69002 Lyon, www.bhv.fr
Habitat, 51, rue de la République, 69002 Lyon, www.habitat.fr
Villeroy & Boch, au Printemps, 42, rue de la République, 69002 Lyon, shop.villeroy-boch.com
G.Detou, 4, rue du Plat, 69002 Lyon, 04 72 04 06 28

Relecture : Audrey Génin et Véronique Dussidour

43, quai de Grenelle, 75905 Paris Cedex 15
Dépôt légal : novembre 2014
ISBN : 978-2-501-09981-3
1577796/01
Imprimé en Chine par Leo Paper